AF247988

In.º 17011

CONVERSION MIRACULEUSE

DE M. RATISBONNE,

SUIVIE DE DÉTAILS SUR

M. DE LA FERRONNAYS

ET SUR SES DERNIERS MOMENTS.

AVIGNON,

Pierre CHAILLOT Jeune, Imprimeur-Libraire,

PLACE DU PALAIS.

1842.

BIBLIOTHEQUE ROYALE

CONVERSION MIRACULEUSE

DE

M. RATISBONNE.

Un de ces faits éclatants dont la vérité est au dessus de toute contestation, et dont l'explication paraît impossible, si l'on veut n'y voir qu'un événement de l'ordre naturel des choses, vient de se passer à Rome; le bruit s'en est répandu au loin et chacun a desiré en connaître les détails. C'est, ce nous semble, faire un acte utile que de leur donner la plus grande publicité possible, en les mettant par un bas prix à la portée de tous, sans rien omettre d'essentiel, et en s'appuyant sur les documents les plus sûrs, et surtout sur le récit donné par le principal témoin.

Au mois de janvier de cette année 1842, arrive dans la capitale du monde chrétien, un jeune homme distingué par son éducation, ses qualités personnelles et sa position sociale; ce n'est point par le desir de visiter les lieux teints du sang des martyrs, de voir les majestueuses cérémonies du catholicisme; non, il est l'ennemi de cette religion, il est Juif. Né à Strasbourg, âgé d'environ vingt-huit ans, il a toujours professé une aversion profonde contre le christianisme, l'abaissement moral de ses coréligionaires l'a toujours irrité contre les chrétiens qu'il accuse d'en être les auteurs; tous ses efforts sont dirigés vers leur régénération, mais loin de voir que la religion chrétienne, qui donne une telle supériorité morale, même à leur insu, à ceux qui la professent, peut seule atteindre ce but, il entretient une vive inimitié contre son frère, plus âgé que lui, qui, lorsque lui n'était qu'un enfant, avait renoncé à son erreur, et avait embrassé l'état ecclésiastique. Sa haine ne se borne pas là, il excite contre ce frère la colère de ses parents et s'oppose à toute réconciliation.

M. Alphonse Ratisbonne, c'est son nom, était parti depuis quelques mois pour faire un voyage en Orient, autant pour ses plaisirs que pour raison de santé. Son oncle, négociant millionnaire, devait à son retour l'associer à ses affaires. Avant son départ, il avait célébré ses fiançailles, cérémonie solennelle chez les Juifs, avec une jeune personne de sa religion; un attachement réciproque, plutôt que l'intérêt, avait cimenté cette union. Dans cette circonstance, où les familles désunies se rapprochent, il avait insisté pour que la sienne restât éloignée de son frère converti, et il s'était contenté de lui faire part de ses fiançailles par une froide lettre.

Il part de Marseille, et se rend à Naples; après y avoir séjourné quelques jours, l'idée lui vient de visiter Rome, ville peu éloignée et qu'il n'aura sans doute plus l'occasion de revoir. Sa répugnance pour tout ce qui touche au christianisme combat cette résolution; néanmoins il finit par s'y rendre.

A cette époque se trouvait à Rome une fa-

mille de Strasbourg avec la quelle il était lié.
C'était M. le Baron Théodore de Bussierre,
avec sa femme, ses enfans et son frère. Ce
frère protestant piétiste, avait été le camarade
de collége de Ratisbonne ; zélé pour sa fausse
croyance, il avait souvent amené le Juif sur
des sujets religieux, mais l'avait toujours trouvé
fortement entêté dans sa religion. Le Baron de
Bussierre n'avait jamais eu que des rapports de
pure politesse avec Alphonse Ratisbonne, mais
s'étant converti au catholicisme, il s'était lié
avec l'abbé Ratisbonne. Comme tous les hommes ramenés à la vraie foi par une conviction
sincère, il était très-pieux et très-attaché aux
pratiques religieuses. Des liens de proche pa-
renté l'unissaient à la famille de M Humann,
actuellement Ministre des finances. Une amitié
vive et presque filiale l'attachait à M. de La
Ferronnays, ancien ministre des affaires étrangères de France, qui depuis quelques années
habitait Rome avec sa famille, et où il vient
de mourir avec des circonstances qui sont loin
d'être étrangères à notre récit.

Alphonse Ratisbonne visite à la hâte les monuments, les ruines, les musées, les églises ; il éprouve un redoublement de haine contre les chrétiens en voyant le *Ghetto*, quartier assigné aux Juifs ; il se prépare enfin à partir, arrête sa place pour le lendemain et va faire sa visite d'adieu à son ami de collége Gustave de Bussierre. Il apprend qu'il est parti pour la chasse ; alors pour ne pas manquer aux lois de la politesse, il veut déposer une carte pour le Baron de Bussierre ; le domestique à qui il la présente lui dit que son maître est visible, qu'il est là dans le salon avec sa famille. Malgré son peu de sympathie pour ces personnes, il ne peut pas reculer et entre, en se proposant d'abréger le plus possible cet entretien. Le Baron de Bussierre l'accueille avec la plus grande affabilité, le questionne sur son séjour à Rome, sur ce qu'il a vu, sur les sensations qu'il a éprouvées ; Ratisbonne lui répond qu'il est toujours resté froid et insensible ; une fois seulement il a ressenti une émotion indéfinissable, en visitant l'église d'*Ara Cœli* : mais voyant l'impression que ces mots produisent, il cherche aussitôt à l'effacer, en ajoutant que cette émotion était purement religieuse, mais non pas chrétienne. La conversation se trouvant engagée sur la religion, M. de Bussierre essaie de convaincre Ratisbonne de son erreur ; mais celui-ci repousse avec une politesse froide et mêlée de pitié toutes les objections, et ajoute : *Je suis né juif, je mourrai juif.*

Tout d'un coup une idée qu'on peut qualifier d'extravagante, (elle serait telle en effet, puisqu'on avait affaire à un juif, si l'événement que nous racontons n'avait pas eu lieu,) se présente à l'esprit du Baron de Bussierre. Il lui montre une de ces médailles, appelées miraculeuses, où la Vierge est représentée avec les mains étendues d'où sortent des rayons, pour indiquer les grâces qu'elle répand, et lui propose de la porter sur lui : « Vous êtes un « esprit fort, lui dit-il, ce que je vous demande « est sans importance pour vous, et en l'ac- « ceptant vous me ferez un vif plaisir. » Le Juif refuse d'abord avec une surprise mêlée d'indignation, puis voyant l'insistance avec laquelle cette offre lui est faite, il finit par l'accepter comme pour couper court à une discussion fatigante. Les petites filles de M. de Bussierre s'empressent de passer un cordon à la médaille, et on la lui suspend au cou.

Cette victoire obtenue, M. de Bussierre veut exiger autre chose; il lui demande d'apprendre la prière de Saint Bernard, *Memorare, ó püssima Virgo Maria*; pour le coup le jeune Juif n'y tient plus, et repousse avec une impatience qui tenait de l'irritation et du dédain cette prière que le Baron ne cesse de lui tendre, en insistant pour qu'il la garde, ou pour qu'il la copie, et qu'il la lui rende, n'ayant, dit-il, que cet exemplaire. Enfin, de guerre lasse et comme excédé de ce qu'il regardait comme le comble de l'impolitesse, il la prend et se retire en murmurant: « Je voudrais « bien savoir ce qu'ils diraient si je les forçais « à copier une de mes prières juives! » Ceci se passait le 15 janvier 1842.

Arrivé chez lui, après avoir copié cette

prière, il la lit et la relit pour découvrir ce qu'elle contenait de si précieux, pour qu'on y attachât tant d'importance. A force de la lire, il finit par l'apprendre par cœur et il la répète machinalement.

M. de Bussierre qui ne pouvait se rendre compte de l'impulsion intérieure qui l'avait porté à agir d'une manière si extraordinaire, veut à tout prix l'empêcher de partir, il lui écrit pour lui donner rendez-vous le lendemain dimanche 16 janvier à 10 heures du matin, et, comme c'est l'usage à Rome, il va passer la veillée devant le Saint-Sacrement avec d'autres personnes, aux prières de qui il recommande M. Alphonse Ratisbonne.

Exact au rendez-vous, Ratisbonne prévient M. de Bussierre qu'il part le soir même et que rien ne pourra le retenir plus long-temps dans une ville qu'il déteste ; celui-ci use de tous les moyens pour le décider à rester, lui rappelle qu'il n'a pas tout vu, qu'il n'a pas été témoin d'une grande cérémonie à Saint-Pierre ; enfin, voyant sa résistance obstinée, il met lui même tant d'opiniâtreté à insister, que le jeune homme

(11)

finit par céder et consent à faire rayer son nom de la liste des voyageurs.

Le même jour, M. de Bussierre dînant avec M. de La Ferronnays au palais Borghèse, lui raconta ce qui s'était passé entre lui et le jeune Israëlite et le recommanda à ses prières. M. de La Ferronnays qui avait toujours eu une grande confiance en la protection de la Vierge, lui dit : « s'il récite le *Memorare*, vous le tenez lui « et bien d'autres encore. »

Du lundi 17 janvier au mercredi 19, le Baron de Bussierre conduisit Alphonse Ratisbonne dans tous les lieux qu'il n'avait pas visités, et mit à profit toutes les occasions pour agir sur son ame et l'amener à la vérité ; mais il avait affaire à un homme froid, insensible, railleur, qui ne se donnait pas la peine de répondre aux arguments, et qui n'opposait que des plaisanteries aux paroles les plus sérieuses. Le Baron ne perdait pas néanmoins l'espérance, et sa tranquillité, sa persévérance calme étonnaient Ratisbonne, qui ne pouvait la concilier avec cet ardent désir de le convertir lui qui, disait-il, était plus juif que jamais. Le mercredi soir, ils se separèrent, sans que ses convictions parussent le moins du monde ébranlées. M. de Bussierre alla continuer ses prières pour sa conversion à côté du cercueil de M. de La Ferronnays qui était mort presque subitement le lundi à onze heures du soir, et plein de la douce espérance que le pieux défunt était déjà dans le séjour céleste, il le supplia de l'aider à convertir son jeune ami.

Le lendemain jeudi 20 janvier, chargé par la famille de M. de La Ferronnays de prendre des arrangements pour les funérailles, il n'a pas le temps de voir Ratisbonne, dont les idées étaient loin d'être tournées vers les choses du ciel ; car vers midi il entre au café de la place d'Espagne, y lit les journaux, s'entretient des nouvelles du jour avec M. Edmond Humann, beau-frère de M. de Bussierre, cause avec légèreté et sans la moindre préoccupation grave. Vers midi et demi, en sortant du café, il rencontre le baron A. de Lotzbeck, son ami de pension, il s'entretient avec lui des choses les plus futi-

les , de bal , de plaisirs , d'une fête donnée ré-
cemment à Rome. A une heure, M. de Bussierre se rendant à l'église de Saint-André *delle
Frate* , le rencontre dans la *Via Condotti* , et
l'engage à l'attendre un moment , il n'a qu'un
mot à dire aux moines et il vient le rejoindre.
Ils entrent ensemble dans l'église ; un catafalque
était dressé. « Pour qui ? demande Ratisbonne.
— Pour un ami que j'aimais extrêmement ,
M. de La Ferronnays, » répond M. de Bussierre,
et il le laisse seul pendant dix à douze minutes,
du côté de l'épître, à droite d'une petite enceinte
destinée à recevoir le cercueil. Ici nous devons
laisser parler M. de Bussierre lui même :

« En rentrant dans l'église, je n'aperçois pas
d'abord Ratisbonne ; puis je le découvre bientôt
agenouillé devant la Chapelle de l'Archange
Saint-Michel. Je m'approche de lui , je le
pousse trois ou quatre fois , avant qu'il s'aper-
çoive de ma présence. Enfin il tourne vers moi
un visage baigné de larmes , joint les mains ,
et me dit avec une expression impossible à rendre : *Oh comme ce Monsieur a prié pour
moi !* »

« J'étais moi-même stupéfait d'étonnement, je sentais ce qu'on éprouve en présence d'un miracle. Je relève Ratisbonne ; je le guide, je le porte pour ainsi dire, hors de l'église, je lui demande ce qu'il a, où il veut aller : — Conduisez-moi où vous voudrez, s'écrie-t-il : *Après ce que j'ai vu, j'obéis !* Je le presse de s'expliquer, il ne le peut pas, son émotion est trop forte. Il tire de son sein la médaille miraculeuse, qu'il couvre de baisers et de larmes. Je le ramène chez lui, et malgré mes instances, je ne puis obtenir de lui que des exclamations entrecoupées de sanglots : *Ah ! que je suis heureux ! que Dieu est bon ! quelle plénitude de graces et de bonheur ! Que ceux qui ne savent pas sont à plaindre !* Puis il fond en larmes en pensant aux hérétiques, aux mécréants. Enfin il me demande s'il n'est pas fou.... *Mais non, s'écrie-t-il, je suis dans mon bon sens ; mon Dieu, mon Dieu, je ne suis pas fou, tout le monde sait bien que je ne suis pas fou !*

« Lorsque cette délirante émotion commence

à se calmer, Ratisbonne, avec un visage radieux, je dirais presque transfiguré, me serre dans ses bras, m'embrasse, me demande de le mener chez un confesseur, veut savoir quand il pourra recevoir le baptême, sans lequel il ne saurait plus vivre, soupire après le bonheur des martyrs. Il me déclare qu'il ne s'expliquera qu'après en avoir obtenu la permission d'un prêtre : *Car ce que j'ai à dire*, ajoute-t-il, *je ne dois, je ne puis le dire qu'à genoux.*

« Je le conduis aussitôt au Jésus près du père de Villefort qui l'engage à s'expliquer. Alors Ratisbonne tire sa médaille, l'embrasse, nous la montre et s'écrie : JE L'AI VUE, JE L'AI VUE!!! et son émotion le domine encore. Mais bientôt plus calme, il peut s'exprimer ; voici ses propres paroles :

« *J'étais depuis un instant dans l'église, lorsque tout d'un coup je me suis senti saisir d'un trouble inexprimable. J'ai levé les yeux ; tout l'édifice avait disparu à mes regards ; une seule chapelle avait, pour ainsi dire, concentré toute la lumière, et au* milieu de ce rayonnement, a paru debout, sur l'autel, grande, brillante, pleine de majesté et de douceur, la *Vierge Marie*, telle qu'elle est sur la médaille ; une force irrésistible m'a poussé vers elle. La *Vierge* m'a fait signe de la main de m'agenouiller, elle a semblé me dire : c'est bien ! elle ne m'a point parlé, mais, j'ai tout compris !

« Ce court récit, Ratisbonne nous l'avait fait en s'interrompant souvent comme pour respirer, et maîtriser l'émotion qui l'oppressait. Nous l'écoutions, nous, avec une sainte frayeur mêlée de joie et de reconnaissance, admirant la profondeur des voies de Dieu et les trésors ineffables de sa miséricorde. Un mot surtout nous avait frappés par sa mystérieuse profondeur : *Elle ne m'a point parlé ; mais, j'ai tout compris.* Désormais en effet il suffit d'entendre Ratisbonne ; la foi catholique s'exhale de son cœur, comme un parfum précieux du vase qui le renferme, mais ne peut le contenir. Il parle de la présence réelle comme un homme qui la croit de toutes les forces de son ame ;

c'est encore trop peu dire, comme un homme qui la SENT. »

En quittant le père de Villefort ils allèrent rendre grâces à Dieu à Sainte Marie Majeure, puis à Saint-Pierre. Il éprouva des transports inexprimables en se trouvant dans ces églises : *Comme on est bien ici !* s'écriait-il ; *on ne voudrait jamais en sortir.... Ce n'est plus la terre, c'est presque le ciel.*

Auprès de l'autel du Très-Saint Sacrement la présence réelle de la divinité l'écrasait à un tel point qu'il allait perdre connaissance, tant il lui paraissait horrible d'être en présence du Dieu vivant avec la tache originelle. Son refuge fut la Chapelle de la Vierge. *Ici*, dit-il, *je ne puis pas avoir peur ; je sens que je suis protégé par une miséricorde immense.*

Il pria avec ferveur auprès du tombeau de Saint Pierre et de Saint Paul ; le récit de la conversion miraculeuse de Saint Paul lui fit verser d'abondantes larmes.

Par reconnaissance il voulut passer la nuit auprès du cercueil de M. de La Ferronnays, à qui il se sentait uni par un lien mystérieux. Le père de Villefort ne voulut pas qu'il veillât plus tard que dix heures à cause de son agitation extrême. Il avoua que la nuit précédente, il n'avait pas dormi, qu'il avait eu constamment devant les yeux une grande croix d'une forme particulière, et sans Christ. Il reconnut plus tard qu'elle était pareille à celle qui était au revers de sa médaille.

Après s'être empressé de faire part à la famille de M. de La Ferronnays d'un événement si consolant pour elle, M. de Bussierre vint retrouver l'heureux Ratisbonne, qui l'avait prié de ne pas le laisser seul, et qui lui donna quelques nouveaux détails sur la merveilleuse apparition. « Il ne pouvait expliquer lui-même comment il était passé du côté droit de l'église à la chapelle qui est à gauche, et dont il était séparé par les préparatifs du service funèbre. Il s'était trouvé tout-à-coup à genoux et prosterné auprès de cette chapelle. Au premier moment, il avait pu apercevoir la Reine du ciel, dans toute la splendeur de la beauté sans tache;

mais ses regards n'avaient pu soutenir l'éclat de
cette lumière divine. Trois fois il avait essayé
de contempler encore la Mère des miséricordes;
trois fois ses inutiles efforts ne lui avaient per-
mis de lever les yeux que jusqu'à ces mains bé-
nites, d'où s'echappaient, en gerbes lumineuses,
un torrent de grâces. « O mon Dieu, s'écriait-
« il, moi qui une demi heure auparavant blas-
« phémais encore! moi qui éprouvais une haine
« si violente pour la religion Catholique !....
« Mais tous ceux qui me connaissent savent
« bien qu'humainement, j'avais les plus fortes
« raisons pour rester juif. Ma famille est juive,
« ma fiancée est juive, mon oncle est juif....
« En me faisant Catholique, je romps avec
« tous les intérêts et toutes les espérances de la
« terre, et pourtant je ne suis pas fou, on le
« sait bien que je ne suis pas fou, que je ne
« l'ai jamais été! on doit donc me croire. »
Quelques jours après il disait : « Les motifs les
« plus graves, les intérêts les plus puissans sur
« le cœur de l'homme m'enchaînaient à ma re-
« ligion. On doit donc croire un homme qui

« sacrifie tout à une conviction qui ne peut
« venir que du ciel.... Si tout ce que j'ai af-
« firmé n'est pas rigoureusement vrai, je com-
« mets l'acte le plus coupable, le plus insensé...
« J'espère que Dieu m'enverra de cruelles épreu-
« ves, afin de lui rendre gloire, et de prouver
« au monde que je suis de bonne foi. »

Le bruit de cette conversion se répandit bientôt dans Rome ; chacun l'accueillait avec cette
circonspection qu'inspire tout fait qui sort des
lois de la nature, mais bientôt les détails furent
si circonstanciés, les preuves si frappantes que
tous les doutes s'évanouirent, et l'on se réjouit
de se trouver dans cette ville au moment où la
Providence y donnait une marque si éclatante
de sa puissance. On faisait remarquer à ceux
qui auraient pu croire à une illusion produite
par quelque effet de lumière, qu'il n'y avait
dans la Chapelle aucun tableau ni statue de la
Vierge, et Ratisbonne lui-même répondit au
général Chlopicki qui lui disait : « Eh bien !
vous avez donc vu l'image de la Sainte Vierge?
et dites-moi comment.... » — L'image ! mon-

sieur, l'image ! mais je l'ai vue elle-même, en réalité, en personne, comme je vous vois là... »

Il fut présenté à la famille de La Ferronnays ; il était trop ému pour parler avec quelque suite ; mais il serrait les mains qu'on lui tendait comme à un frère en répétant : « Oh croyez-moi, croyez « à mes paroles ; c'est aux prières de M. de La « Ferronnays que je dois ma conversion. »

Avant de commencer la retraite qui devait précéder son baptême, il demeura chez M. de Bussierre. C'est de là qu'il écrivit à tous ses parents pour leur faire part de son changement. Il assurait sa fiancée qu'il était prêt à tenir la foi qu'il lui avait promise, si elle se faisait chrétienne ; mais que si elle restait juive, il renoncerait à elle, quoique ce fût renoncer au bonheur le plus grand qu'il pût espérer en ce monde, et qu'il passerait le reste de ses jours à prier pour elle, ne désespérant pas d'obtenir à la fin la grace de sa conversion.

Le 31 janvier fut le jour fixé pour son baptême. L'église du Jésus se remplit d'une foule nombreuse, composée en très-grande partie de personnes de marque et surtout de Français. Le Cardinal Patrizzi, Vicaire de sa Sainteté, devait lui conférer les sacrements. Objet de la curiosité générale, il était trop pénétré de ce qui allait se passer pour en être troublé. Sa belle tête, son front ouvert, ses yeux réfléchis, son teint pâle relevé par une longue barbe noire, avaient un caractère de fermeté et de calme qui repoussaient toute idée d'attribuer sa conversion à l'enthousiasme et à l'imagination. Vêtu d'une longue robe de soie blanche, il attendait en priant l'heureux moment de sa régénération. Une barrière le séparait du reste de l'église. Le Cardinal revêtu de ses habits pontificaux, commence les prières du baptême des adultes, lui adresse les interrogations prescrites par le rituel, il y répond avec fermeté; sur l'ordre du prélat, il se prosterne et baise humblement la terre. Après ces épreuves la barrière s'ouvre, le Cardinal lui tend son étole et il pénétre avec lui dans l'enceinte; on lui demande son nom : « Marie » ! répond-il avec amour et reconnaissance. Puis d'une voix fortement accentuée, et qui fait vibrer tous les cœurs, il renonce aux pompes du démon, et prononce avec l'accent d'une conviction profonde la confession de foi catholique.

Enfin l'eau sainte coule sur son front abaissé, il le relève radieux, il est au comble de ses vœux, il est chrétien ! Il reçoit immédiatement le sacrement de Confirmation. Alors M. l'abbé Dupanloup lui adresse, ainsi qu'à l'assemblée, une allocution touchante. Le Saint Sacrifice commence ; Marie Ratisbonne ne cesse de prier avec une ferveur brûlante. Au moment de la communion, son ame absorbée en Dieu semble refuser de prêter à son corps l'assistance de la volonté ; il s'avance avec peine vers la Sainte Table soutenu par le père de Villefort et par son parrain le Baron de Bussierre, et quand il a reçu le pain des Anges, ses forces l'abandonnent, au point qu'il faut presque le porter pour le ramener à sa place. Son visage était inondé de larmes, et il succombait sous le poids des émotions de la grace divine. Un grand nombre de catholiques de toute nation communièrent après lui. Combien est grande cette église romaine qui unit tous les peuples par les liens d'une douce fraternité ! Le *Te Deum* termina la cérémonie qui fit l'impression la plus profonde sur tous les assistans ; il n'y avait qu'une voix pour bénir les desseins ineffables de la Providence.

Nous n'essayerons pas de dépeindre les joies célestes dont l'ame de Marie Ratisbonne fut inondée. Il voulut passer dans la retraite le temps que le monde destine à ses plaisirs insensés. Mais auparavant il fut conduit aux pieds de sa Sainteté, avec M. le Baron Théodore de Bussierre. Le Très-Saint Père s'entretint avec eux, avec l'abandon et la tendresse d'un père ; il a voulu leur montrer ses appartements, et les a poussés avec une douce familiarité dans sa chambre à coucher. Là il leur a donné une preuve de sa propre confiance dans celle que l'église implore comme sa protectrice : il leur a montré une image de la Vierge Miraculeuse placée auprès de son lit, et devant laquelle le vénérable Pontife adresse chaque jour ses prières ardentes au ciel pour le salut des chrétiens ses enfants.

Les réflexions que ce simple récit doit faire naître se présentent aisément à l'esprit. On ne peut s'empêcher de reconnaître dans cette conversion si prompte, une intervention surnaturelle. Nier le fait, c'est impossible ; trop de témoins dignes de foi et désintéressés l'attestent ; il s'est passé à la face du soleil, dans une ville immense, au milieu d'hommes distingués de toute nation, de toute religion. Qui pourrait tenter de l'expliquer par des causes naturelles ? Tout se réunissait pour que ce Juif restât dans son erreur, intérêts de fortune, de famille, de sentiments ; sa conviction n'est pas le fruit du raisonnement, son changement est instantané ; quelques secondes avant, il était juif au fond du cœur, sa haine pour le christianisme était vivace. Tout d'un coup, on le voit prosterné, il se relève, il est chrétien. En voilà assez pour que tout homme de bonne foi reconnaisse que Dieu ne cesse pas d'agir sur nous, même par des miracles, et que s'ils sont moins fréquents de nos jours qu'autrefois , c'est qu'alors la religion ne pouvait être fondée sans miracles , et qu'aujourd'hui le fait de la permanence de l'église catholique depuis dix-huit siècles est à lui seul un miracle éclatant.

Nous ne pouvons mieux terminer ce récit qu'en donnant quelques détails peu connus sur la vie et la mort de l'illustre M. de La Ferronnays , qui paraît avoir eu une si grande part à la conversion de Marie Ratisbonne ; nous y joignons aussi la prière de S^t.-Bernard que cet illustre personnage regardait comme si puissante.

PRIÈRE DE SAINT BERNARD.

Souvenez-vous , ô très-pieuse Vierge Marie , qu'on n'a jamais entendu dire qu'aucun de ceux qui ont eu recours à votre protection , imploré votre secours et demandé vos suffrages , ait été abandonné. Animé d'une pareille confiance , Vierge des vierges , notre mère, je cours à vous , et gémissant sous le poids de mes péchés , je me prosterne à vos pieds. O Mère du Verbe incarné, ne dédaignez pas mes prières, mais écoutez-les favorablement , et daignez les exaucer. Ainsi soit-il.

DÉTAILS SUR M. DE LA FERRONNAYS
ET SUR SES DERNIERS MOMENTS.

Tous le monde connaît la vie publique de M. de La Ferronnays ; tous les partis ont rendu hommage à l'élévation de son caractère, à la pureté de ses vues. Ce n'est donc pas sous ce rapport que nous le présentons à l'admiration publique ; ce sont ses sentiments intimes qu'on doit révéler aux personnes avides de chercher des encouragements à la vertu dans l'exemple des hommes distingués par leur éducation et leurs lumières. C'est surtout dans ses lettres que l'on trouve les épanchements d'un cœur noble et droit, d'une ame pure et grande.

Le jour même de sa nomination au ministère des affaires étrangères, il écrivait : « Mon ami, je suis bien triste et bien malheureux ! malgré toutes mes résolutions j'ai accepté cette terrible place. J'aurais résisté aux ordres du roi, j'ai cédé à sa tristesse, à sa bonté, et me voilà en-chaîné. Vous lirez ce matin ma sentence dans le *Moniteur*, et vous pourrez dire que dans ma nouvelle position, qui sera si enviée par tant de monde, il n'y a pas d'homme en France qui se trouve plus à plaindre et plus malheureux.... »

Voici comment il raconte lui-même sa conversion : « Les réflexions que j'ai eu le temps de faire pendant la durée de ce long voyage, ont enfin porté quelques fruits. En arrivant à Paris, j'étais convaincu, décidé; cette résolution, cette conviction ne sont pas l'effet de l'entraînement ni de la précipitation. Ce n'est pas non plus l'éclat de lumières capables de m'éblouir qui m'a ouvert les yeux ; mon ame n'a point eu à se défendre ni à se tenir en garde contre les charmes d'une éloquence entraînante ; toutes les vives émotions que j'ai successivement éprouvées sont venues de moi ; je n'y ai cédé qu'après les avoir combattues, le vieil homme a voulu se défendre et la lutte a été vive et longue. Mais en repassant sur cette vie de cinquante-huit ans, en faisant l'énumération et l'examen sincère de cette longue série de jours qui tous furent employés à faire le mal, en pensant aux mauvais exemples que j'ai donnés, au mal que j'ai fait commettre, au scandale dont j'ai été si souvent l'occasion, et fouillant dans ce tas de méchantes actions sans pouvoir y en trouver une seule qui fût bonne ou seulement innocente, je me suis épouvanté de moi-même et me suis pris dans un si grand dégoût que le désespoir a été bien près de s'emparer de mon cœur, pour n'y laisser aucune place au repentir. J'ai passé plusieurs jours, en voyageant, dans un état violent et bien pénible. Puis, tout-à-coup, sans que je sache vous dire ni comment ni pourquoi, je me suis senti tranquille, presque heureux, comme si quelque chose de doux et de calmant était descendu dans mon ame. — C'était sans doute l'espérance.... j'ai béni le ciel de m'avoir envoyé le remords, et avec lui l'espérance et la foi. C'est dans cette disposition que je suis arrivé à Paris. J'étais sûr de n'avoir plus de respect humain à vaincre, plus de fausse honte à surmonter. Une de mes premières visites a été pour votre ami de la rue de Grenelle, auquel j'ai remis votre lettre. J'ai eu ensuite une longue entrevue avec lui. J'ai voulu que l'homme connût l'homme, avant que le juge écoutât le coupable ; je lui ai raconté toute l'histoire de ma criminelle vie.... en me livrant ainsi , il me semblait que j'expiais quelque chose. Après ces aveux faits à l'homme, il ne m'a été ni pénible ni difficile de les répéter aux pieds du juge qui a reçu la noble mission, le consolant pouvoir de pardonner.... Voilà, mon ami , où j'en suis depuis dix jours. Je sens avec bonheur et reconnaissance que mes résolutions s'affermissent. Ma raison , soumise sans doute par la grâce , ne me demande plus compte de rien de ce que je crois ;.... je crois tout simplement , et je trouve qu'il est doux et bon de croire ce qui ne commande que le bien et ne promet que le bonheur.... »

M. de La Ferronnays, après avoir pris cette grande résolution, y persista courageusement, et depuis toutes les actions de sa vie s'élevèrent à la hauteur de sa foi. Il y avait trop de bonheur, et selon lui trop d'honneur à posséder la vérité catholique, pour qu'il ressentît les ter-

reurs du respect humain. Humble dans les pratiques de la piété, il comprenait et saisissait
tout ce que le christianisme inspire de fortes
résolutions, d'affectueux et d'énergiques senti-
mens, de hautes pensées et de rares lumières.
C'était une grande et noble nature que celle du
Comte de La Ferronnays, mais le christianisme
pratique, en le pénétrant de sa vie puissante,
en avait doublé la noblesse et la grandeur.

Voici comment dans une autre lettre il con-
sidérait ces postes élevés récherchés par l'ambi-
tion avec tant d'ardeur : « Quand c'est au bout
de cinquante ans d'étourdissement et de dissi-
pation que ces grandes pensées de la mort vous
occupent, croyez-vous qu'il soit bien de chercher à s'en distraire et qu'on ait tort de ne pas
y être disposé ? Me trouvez-vous bien coupable
de désirer que rien ne vienne m'arracher à ce
genre de réflexions, auxquelles on ne se livre
bien que dans le silence et la solitude ? Non,
mon ami, je suis bien sûr que vous me com-
prenez, et que si quelque devoir impérieux
venait me demander ce qui me reste de force,

et me condamner à une vie dépendante et dis-
traite, **vous** sauriez me plaindre et mesurer
l'immense sacrifice qui me serait imposé ; à
mon âge et *avec un terrible passé*, les minutes sont d'un prix immense, on redoute tout
ce qui peut détourner ou dénaturer l'emploi
d'une seule de ces minutes précieuses.... Tout
cela n'est sérieux que pour moi ; les politiques
de salons et les rédacteurs de journaux n'y
pensent guères, et en me poussant comme ils
le font, il leur importe peu où je tomberai.
Mais il m'importe à moi ! Aussi ils peuvent
être sûrs, qu'à moins que je ne me sente convaincu de la volonté de Dieu, aucune considé-
ration ne me fera céder. »

C'est de Rome que la plupart de ces lettres
ont été écrites. C'est à Rome que M. de La Ferronnays a voulu passer les dernières années de
sa vie. Quelques années avant de s'y fixer, il
écrivait : « Je quitte Rome avec un grand re-
gret, et sans les raisons qui me rappellent en
France, j'y aurais bien certainement et pour
long-temps prolongé mon séjour.. C'est que je

la revois et la comprends bien mieux que je n'ai jamais su le faire encore.... J'ai vu Rome trois fois, lorsque mon cœur était encore glacé par les ténèbres de l'indifférence religieuse, et comme d'ailleurs je n'étais ni artiste ni poète, je m'y suis mortellement ennuyé, comme je me serais ennuyé d'écouter un discours dans une langue que je ne comprends pas. Cette fois, j'ai le sens qui fait voir, entendre, comprendre, pressentir.... Oh! oui, c'est à Rome que je voudrais vivre et mourir! »

Ses désirs ont été accomplis. Le lundi 17 janvier 1842, après avoir long-temps prié dans l'église de Saint Jean de Latran il se plaignit d'une douleur de poitrine qui lui revenait par accès et d'une manière si vive et si subite qu'elle l'empêchait tout-à-coup de marcher. Le soir il y avait une brillante fête à l'ambassade d'Autriche et Mme. de La Ferronnays devait y conduire ses filles. Pendant qu'elles s'habillaient, il se plaignit encore de sa douleur. Sans s'inquiéter de son état qui lui était habituel, on envoya chercher le médecin, et même Mme. de La Fer-

ronnays écrivit un billet à M. l'abbé Gerbet.
Le mal augmentant rapidement et les souffran-
ces étant horribles, on pratiqua deux saignées
au bras qui furent sans résultat. Mme. de La
Ferronnays devinant à quelques mots l'immi-
nence du danger, s'établit près de son lit, et
dans le plus grand calme apparent, elle prend
sa main dans la sienne et ne le quitte plus.
L'abbé Gerbet arrive, et après l'avoir béni lui
adresse quelques questions : *Oh ! oui , s'écrie
le malade, je me répens de tous mes péchés !
Oh oui , j'aime Dieu de toute mon ame.* Il
prend le crucifix le presse contre ses lèvres et
ne cesse de répéter cette simple et touchante
invocation : *Mon Dieu , ayez pitié de moi !
Sainte Vierge , priez pour moi , venez à
mon aide !....* Il avait eu le bonheur de com-
munier la veille. Dans ce danger extrême son
confesseur lui donne l'absolution. Alors son
regard n'exprime plus que le calme, la paix
divine, la joie céleste de son âme. *Comme je
suis heureux maintenant ,* répéte-t-il d'une
voix éteinte, et avec un sourire de prédestiné,

comme je suis heureux ! — *Oui Seigneur,
vous êtes bon et les enfans des hommes ont
bien fait de vous appeler le bon Dieu !* Mais
bientôt un étouffement plus fort le saisit :
Adieu, dit-il à sa chère femme en lui prenant
la main, *adieu, mes chers enfans !...* et quelques minutes après cette ame, si belle, si noble,
si chrétienne, paraissait devant Dieu, et les jeu-
nes filles, encore parées pour une fête, maintenant agenouillées devant un lit de mort,
priaient avec des sanglots et des cris déchirants
près du corps glacé de leur père !.... Il était
dix heures et demie du soir.

C'était un spectacle à fendre le cœur ! Mais
cette mort subite n'est pas venue à l'improviste
pour celui qu'elle a frappé. Depuis plusieurs
années, il l'attendait et s'y préparait chaque
jour, comme si le soir elle avait dû venir le
surprendre. Ce jour-là même en rentrant chez
lui, il avait dit à sa femme : *J'étais à Sainte-
Marie Majeure, je me suis mis à genoux
devant la Madone, et après l'avoir implorée,
j'ai dit à Dieu : Me voici, Seigneur, je*

suis prêt ; si vous voulez de moi, venez me prendre, mais si vous me laissez encore sur la terre, je n'emploierai plus ma vie qu'à votre gloire.

La conversion de M. Ratisbonne vint jeter comme un baume sur la douleur de cette famille éplorée. Les ferventes prières que M. de La Ferronnays avait adressées au ciel pour lui étaient exaucées, et Dieu lui-même semblait autoriser à croire que cette ame si chère jouissait déjà du bonheur éternel.

www.ingramcontent.com/pod-product-compliance
Lightning Source LLC
Chambersburg PA
CBHW061115050726
47594CB00005B/1939